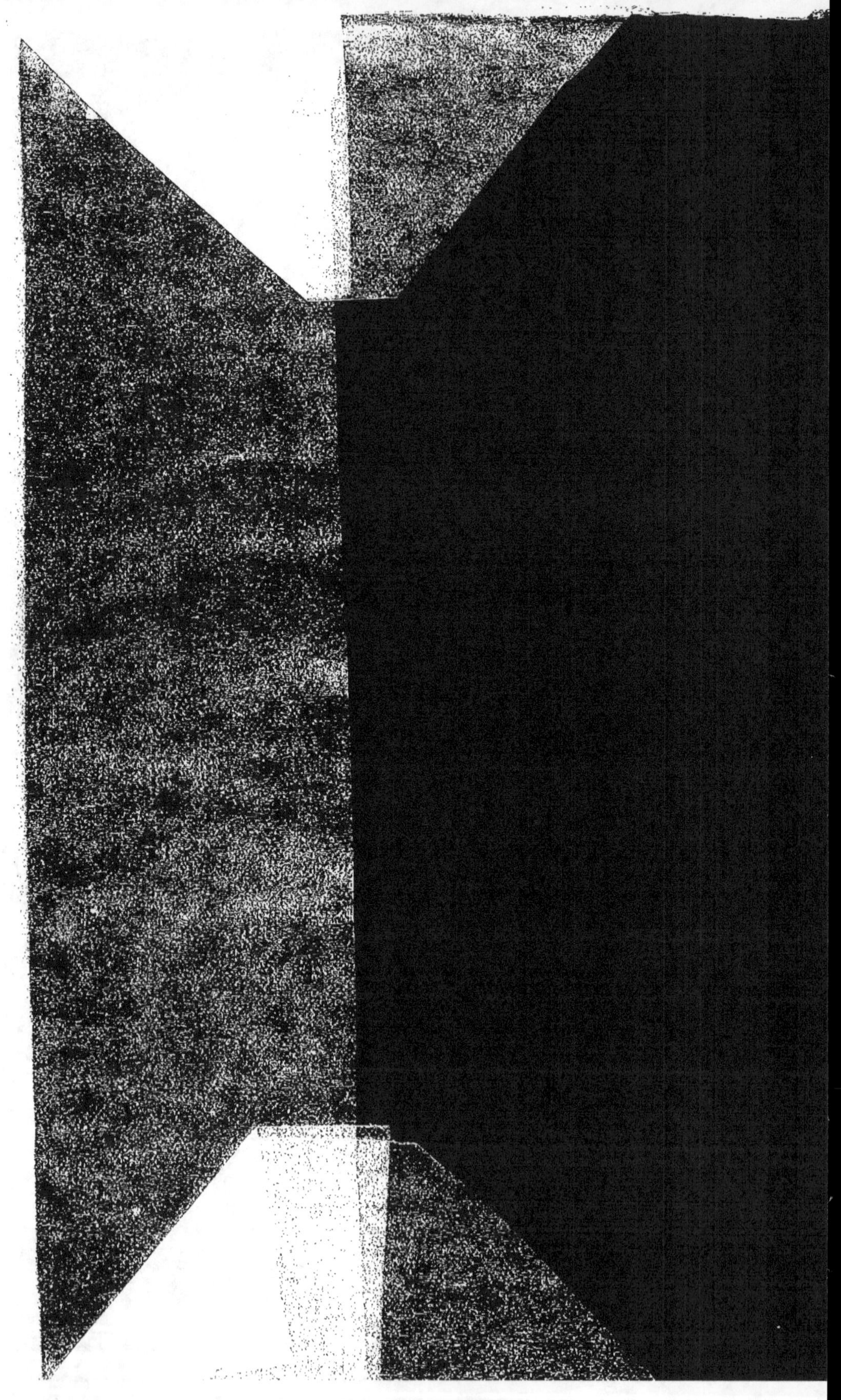

Mœurs Indigènes de l'Algérie.

LE RAMADAN

PAR

M. A. CHEVILLOTTE

Procureur Impérial à Alger.

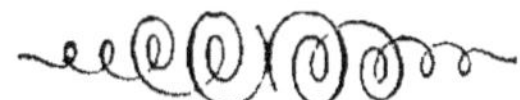

ALGER

IMPRIMERIE DE A. BOURGET, RUE SAINTE, N. 2.

Juillet 1854.

MŒURS INDIGÈNES DE L'ALGÉRIE.

LE RAMADAN

L'Algérie offre à chaque pas des scènes de mœurs d'un effet saisissant et pittoresque. Dans les villes, il est curieux de voir la vie européenne se mêler à la vie arabe, la nature si souple, si active, si ingénieuse du caractère français se communiquer à tout ce qu'elle touche, mettre en défaut la résignation du musulman et entraîner dans son mouvement une population longtemps immobile et à demi barbare. Dans les plaines et au milieu des montagnes, la tribu a conservé religieusement les coutumes et les traditions de ses pères ; à l'aspect du douar dont les troupeaux rentrent le soir aux aboiements incessants des chiens kabyles, à la vue de ces hommes qui ont gardé le costume antique, de ces femmes vêtues comme les femmes d'Abraham et d'Isaac qui se rendent aux fontaines une urne sur la tête ou en reviennent affaissées sous le poids d'une outre remplie d'eau, aux âpres et lugubres gémissements des chameaux qui ploient le genou pour recevoir et laisser enlever leur fardeau,

le tableau prend toutes les teintes de la poésie pri-
mitive et patriarcale. Par fois aussi, c'est une scène
de la vie féodale qui s'ouvre aux regards quand un
de ces grands chefs indigènes qui assistaient à la
revue du 10 mai, sort de sa tente ou de son bordj
le faucon au poing, précédé de deux beaux lévriers
et monté, au milieu de ses cavaliers, sur un ma-
gnifique cheval qui secoue sa longue crinière, frémit sous sa selle brodée d'or et balaye la terre de
l'extrémité de sa queue teinte en pourpre par le
henné. On dirait un haut et puissant seigneur du
moyen âge, partant pour la chasse et faisant battre
la plaine par ses vassaux.

La nature elle même se prête à ces divers contrastes.
Derrière les vallées ombreuses des bords de
la mer et les jardins d'orangers, de figuiers
et de citronniers où la colonisation s'est tout
d'abord répandue, derrière les cimes élevées
de l'Atlas dont les flancs abruptes et les riches
plateaux sont couverts de villages kabyles, l'A-
rabe promène son humeur et sa tente vagabonde
dans les vastes plaines déboisées du Tell, et au delà
de ces espaces, se déroulent les horizons infinis du
Sahara et les enchantements de la splendide végé-
tation des oasis de palmiers. La population qui ha-
bite ces zônes distinctes du sol algérien diffère souvent d'origine, de langage et d'habitudes, mais elle
a partout les mêmes croyances, les mêmes traditions et les mêmes espérances. C'est, en effet, le
Koran qui lui sert de lien politique et religieux, qui
l'a façonné à son image, et qui lui a si profondément imprimé son caractère exclusif. Pour l'Arabe,
l'islamisme est la religion hors de laquelle il n'y a
plus que des infidèles et des impies : il la croit
destinée à le relever de son abaissement actuel, à

régénérer le monde, et cette illusion de grandeur future, qu'entretiennent les prédications de ses marabouts et de ses prophètes improvisés, constitue sa résignation et sa force contre les efforts de notre intelligence et l'esprit de nos institutions. La loi musulmane n'a, pour ainsi dire, pas d'autre nom que la religion : elle est, au même titre que le dogme, une émanation de Dieu. Respectée par cela même comme le dernier terme auquel puisse atteindre la sagesse humaine, elle a, depuis plus de douze siècles, continué les traditions et la société du prophète, en perdant, sous l'étreinte du sentiment religieux, la vitalité de l'élément civil qui, partout ailleurs, suit les progrès des idées et des mœurs. Aussi est-il vrai de dire qu'elle est la physionomie du peuple arabe, le secret de sa grandeur passagère et de sa prompte décadence comme le présage de son avenir, si le génie traditionnel de notre patrie ne lui vient en aide et ne le tire de sa léthargie.

Parmi ces scènes si variées, au milieu d'aspects si divers, le jeûne de Ramadan, qui y touche surtout par le côté religieux, est un sujet intéressant d'observations. Si les solennités publiques initient aux mœurs d'un peuple, celle-ci est, en outre, sous la tente de l'Arabe nomade et sous le toit du Maure, le reflet le plus animé du caractère, des superstitions et des coutumes indigènes. Nous allons donc essayer de retracer son institution, ses règles pratiques, ses fêtes et les modifications qu'elle a déjà subies au contact du temps et de nos idées.

I.

C'est le dernier jour de cha'bân (1), au coucher du soleil, que les canons de la batterie de la marine annoncent aux musulmans d'Alger le jeûne de Ramadan. « La lune de ce mois, a dit le prophète (2), dans laquelle le Koran est descendu d'en haut pour servir de direction aux hommes, d'explication claire des préceptes et de distinction entre le bien et le mal, est le temps qu'il faut jeûner. » Selon quelques auteurs, le Ramadan est de plus fondé en expiation de la première faute d'Adam, dont le repentir ne fut accepté de Dieu qu'après trente jours de pénitence. Quoiqu'il en soit de son origine, ce jeûne de trente jours, date de la deuxième année de l'hégire. Avant l'adoption du système lunaire, le mois de Ramadan arrivait constamment pendant les fortes chaleurs de l'été; la racine du mot arabe le dit assez, car elle signifie *une chaleur qui consume.* Mais ce mois passant maintenant par toutes les saisons de l'année, l'esprit a attaché au mot un autre sens, et le Taleb musulman nous apprend que le Ramadan est ainsi nommé parce qu'il purifie comme par le feu les péchés des fidèles et lave par sa sainteté les impuretés du corps et les souillures de l'âme.

C'est, en effet, un mois rempli de bénédictions.

« Lorsqu'en advient la première nuit Dieu le très haut dit :

---

(1) Le mois de cha'bân a fini cette année le 27 mai. Le Ramadan a commencé ce jour là et a fini le 26 juin.

(2) Koran, chapitre II, verset 181.

« O Radhouan (1), ouvre les portes du paradis à ceux de la nation de Mohammed qui jeûnent !

« O Maleck (2), ferme la porte des flammes aux hommes pieux de la nation de Mohammed !

« O Gabriel ! descends sur la terre, dompte la rébellion des démons. Cloue-les avec des clous, puis précipite-les dans la mer pour qu'ils ne troublent pas dans leur jeûne ceux de la nation de Mohammed.

« Heureux le musulman qui meurt pendant le Ramadan, car il monte au sein du paradis ! Toute action de l'homme a pour rémunération le décuple de sa valeur et même sept cents fois autant ; mais le jeûne est à Dieu, c'est lui qui récompense le croyant renonçant à ses appétits, à sa nourriture et à sa boisson, et qui donne à son haleine l'odeur du musc. — Le jeûne, enfin, apprête le pardon ; chaque soir, le maître des mondes fait grâce à un millier d'âmes destinées aux supplices éternels, et, la dernière nuit, il étend sa clémence sur un nombre égal à celui des trente jours de Ramadan (3) »

Le premier jour de ce mois est donc pour le fidèle croyant une date sérieuse à établir, car il y joue peut-être sa vie dans l'autre monde. Pour la fixer, il lui est défendu de s'en rapporter aux dires d'un astronome, aux ouvrages que lui a légués la science de ses pères, et surtout à nos almanachs qui sont l'œuvre des mécréants. C'est la vue du croissant de la nouvelle lune qui, seule, détermine le jour saint, le premier des trente jours pendant lesquels doit s'observer le jeûne d'obligation et

(1) Ange gardien du paradis.
(2) Ange gardien de l'enfer.
(3) Extraits du *Sahih*, ou recueil des traditions véritables, par Bekhari.

de rédemption divine. Que si le ciel est obscur, le jeûne commence quand il s'est écoulé un nombre de jours tel qu'il n'est pas possible que cha'bân ne soit pas achevé. Mais le ciel de l'Algérie a les beaux reflets du ciel d'Orient sous lequel est né le prophète; la lune, quand vient l'été, ne dérobe pas longtemps sa blanche lueur sous les nuages, et le croyant accomplit rarement, sans voir apparaître son disque vénéré, les rékas (saluts, prosternations) de sa fervente prière. A côté de cet hommage rendu aux nuits splendides de sa terre natale et au symbole de sa foi, ne dirait-on pas aussi que le prophète n'a voulu remettre qu'à certains de ses serviteurs la fixation légale du Ramadan? Les derniers jours de cha'bân sont-ils incertains dans le souvenir des muphtis et des cadis, le ciel ne perd-il sa pureté que par moments, il faut, en effet, pour que le jeûne commence que deux musulmans probes et consciencieux affirment avoir vu le croissant de la lune, et que cinq témoins attestent le même fait. Or, voici quelques unes des conditions exigées dans un témoin musulman :

Il faut qu'il jouisse de la liberté civile ; — qu'il soit sain d'esprit, majeur, de mœurs régulières et irréprochables, circoncis et issu d'une famille connue; — qu'il soit libre de toute interdiction ; — que l'esprit de discussion ou d'ignorance n'en ait point fait un sectaire ou un schismatique, un kharidji (sorti de la vraie voie) ; — qu'il ne soit ni enclin aux petites fautes, ni porté au mensonge, ni habitué à voler une bouchée de nourriture ; qu'il ne soit ni léger, ni futile ; — qu'il se soit toujours gardé de jouer aux jeux de hasard, si ce n'est, à d'assez longs intervalles, au jeu d'échecs, que pratiquaient de la sorte plusieurs des disciples du prophète ; — qu'il ait su, enfin, se

maintenir dans cette dignité qui est le caractère d'un
homme sérieux et religieux, et qu'ainsi il n'ait point
recherché les plaisirs du chant et de la musique ;
car, suivant un proverbe arabe, la musique pousse
à la dépense comme l'eau fait pousser les plantes ;
et qu'il ne se soit jamais livré, par caprice ou par
manie, à une industrie vulgaire telle, par exemple,
que celle de corroyeur, de tisserand ou de marchand
de tambourins, de mizmâk et de derboukas (1), —
A ce compte-là, Dieu et le prophète savent seuls si,
en les prenant au hasard, ils trouveraient, dans Alger la bien gardée, cinq musulmans possédant toutes ces qualités.

Aussi bien, il y a des grâces d'état, et c'est le cadi maléki, accompagné de ses adouls, qui est offi-
ciellement chargé de fixer le premier jour de Ramadan. Il se rend avec eux sur un point élevé de la
ville, à la Casbah, au fort de l'Empereur ou au marabout de Sidi-Abdherraman, et, dès qu'il a constaté l'apparition du Croissant, il descend, suivi de
la foule qui s'est respectueusement tenue à distance,
et le canon tiré par ses ordres annonce à la ville
l'heureux événement. Aussitôt les minarets des
mosquées se couvrent de lanternes de toutes couleurs, l'intérieur se remplit de lumières, et les fidèles arrivent en foule à la voix retentissante des
muezzins, se renvoyant la formule sainte :

« Dieu est grand, Dieu est grand. Venez à la
prière, venez à la bonne œuvre. J'atteste qu'il n'y a
de Dieu que le Dieu unique ; j'atteste que Moham-

____

(1) Instruments de musique. Voir à ce sujet le curieux chapitre sur les témoignages judiciaires de
Sidi Khelil, t. V, p. 193 et suiv. Traduction du doc-
teur Perron.

med est son prophète. Dieu est grand, Dieu est
grand. Il n'y a de Dieu que Dieu. »

Aux dernières lueurs pourprées du soleil dispa-
raissant à l'horizon, la prière est récitée par l'iman,
et elle est immédiatement suivie du teràouîh ou
prière des invocations. — Le ramadan est alors
commencé et l'obligation du jeûne devient générale
et absolue.

II.

Le Koran détermine les conditions de ce jeûne.
Depuis le moment où, sur le point du jour, l'œil
peut distinguer un fil blanc d'un fil noir jusqu'après
le coucher du soleil, le musulman doit rigoureusement s'abstenir de boire et de manger. Les disciples du prophète et les jurisconsultes ont développé
ce principe et recherché, avec cette conscience mi-
nutieuse et parfois naïve qui est le propre du commentaire religieux, quels sont les actes blâmables
pendant le jeûne. Sidi-Khelil, que les Arabes ont
surnommé le Maître, l'éclat de la Religion — que
Dieu le comble de ses faveurs! — les indique dans
son précis de jurisprudence. Ainsi il est blâmable
de goûter un mets, de mâcher de l'oliban, de la
myrphe, du mastic (1) et autres parfums, de prendre,
pendant la journée, les remèdes qu'on peut remettre
à prendre après le coucher du soleil. Le tabac,
qu'il soit fumé ou prisé, l'odeur des fleurs ou des
essences sont également interdits (2). En un mot,

---

(1) Espèce de gomme.
(2) Il y a toutefois divergence sur ce point entre
le rite maléki et le rite hanéfi. Ce dernier était le

il y a obligation de ne laisser arriver aucune subs-
tance soluble ou absorbable dans l'intérieur du
corps, ce qui va pour le croyant scrupuleux jusqu'à
ne pas avaler sa salive. Il est soumis, de plus, à
certaines conditions indispensables, telles que l'in-
tention de jeûner, formellement exprimée, pendant
la première nuit du Ramadan, la lucidité de sa raison et l'abstinence du harem. Le Koran a dit avec
une certaine énergie : « Eloignez-vous de vos femmes ; passez plutôt le jeûne en actes de dévotion
dans les mosquées ; après le coucher du soleil, elles
sont votre vêtement et vous êtes le leur. Dieu sait
bien que vous vous trompez vous-mêmes. Il est revenu à vous et vous a pardonné. Telles sont les
limites de Dieu. N'en approchez point, de peur de
les franchir. C'est ainsi qu'il développe ses signes
aux hommes afin qu'ils le craignent (1). »

En dehors de ces conditions, le jeûne reste sans
effet. On comprend tout ce que cette obligation a
parfois de pénible quand le Ramadan coïncide avec
les rudes chaleurs de l'été. Aussi les tolbas y ont-
ils apporté quelque adoucissement et ont-ils permis
au fidèle de se servir tant qu'il lui plaît du mi-
çouak (2), d'humecter ses lèvres quand la soif devient accablante, et de différer ses ablutions (3)

---

rite des Turcs : il est plus tolérant et permet l'o-
deur des fleurs et des parfums.

(1) Koran, chap. II, v. 183.

(2) Cure-dent de bois odorant. Seulement il faut
le promener dans le sens horizontal et non dans la
longueur des dents ; c'est le diable qui se frotte les
dents en long.

(3) Les ablutions sont une des pratiques essen-
tielles du culte : elles effacent les souillures et les
impuretés du corps. La loi les a prévues avec une
hardiesse de langage et de détails que nous ne

jusqu'à l'aurore ; aujourd'hui la tolérance est assez grande pour qu'il puisse, en cas d'excessive fatigue, se plonger dans un bain ou dans la mer. — Le prophète a d'ailleurs accordé la dispense de jeûner aux malades, aux vieillards, aux enfants jusqu'à l'âge de puberté, aux femmes qui allaitent et aux croyants qui voyagent. « Dieu veut votre aise, a-t-il écrit ; il ne veut pas votre gêne. Il veut seulement que vous accomplissiez le nombre voulu et que vous le glorifiez de ce qu'il vous dirige dans la droite voie ; il veut que vous soyez reconnaissants (1). » Ces fidèles sont donc autorisés à ne pas suivre la prescription légale ou à l'interrompre, à la seule condition de remplacer, par autant de jours de jeûne satisfactoire, les jours qu'ils ont passés dans l'inobservance de la règle sacrée.

La prière est le parfum du cœur : rafraîchissez-vous par elle dans les fortes chaleurs, répétait souvent Mohammed à ses disciples. Pendant le Ramadan elle s'annonce encore avec plus de solennité qu'en temps ordinaire ; du haut du minaret de la grande mosquée, trois muezzins, la face tournée vers la K'ibla (2), répètent, à l'unisson de leurs voix sonores et en les entrecoupant par des repos, les paroles de l'adân (3) : la première fois à une heure de l'après-midi — selah, — la seconde,

---

pouvons reproduire. — Voir Sidi-Khelil, déjà cité, et d'Ohsson, *Tableau de l'empire ottoman*, t. III.

(1) Koran, chap. II, v. 181.

(2) C'est la direction de la Kaaba ou oratoire de la Mecque, placé lui-même vis-à-vis la demeure de félicité qui est dans le ciel.

(3) Annonce de la prière par la formule rapportée plus haut. Le vendredi, elle se fait une fois de plus, à midi, et le muezzin hisse en même temps le drapeau vert au sommet du minaret.

deux heures avant le coucher du soleil — el âcer,
— la troisième, au coucher du soleil — el mar'reb,
— la quatrième, à la nuit close — el eûcha, — la
cinquième, au lever de l'aurore — el fedjer.— Cette
prière du matin est la plus agréable à Dieu ; elle est
plus salutaire que le sommeil, et, deux heures avant
sa venue, les muezzins y convient par la poétique
invocation dont s'est inspiré Félicien David : « La
nuit et les ténèbres ont fait place au jour et à la lu-
mière. Louange à Dieu pour ses faveurs et ses grâces ! La nuit a fait place au jour par la puissance
du Très-Haut, du Très-Vaillant. Apprenez à l'ado-
rer, ô vous qui êtes doués de la vue de l'intelligence!
La royauté est au Dieu unique et vengeur! La royauté
est à Dieu et à nul autre que lui !

« Il est matin, louange à Dieu (1)!

« Il est matin, louange à Dieu maître des mondes ! »

Le cérémonial pratique de ces prières a été ré-
vélé au prophrète par l'ange Gabriel pendant sa re-
traite aux grottes de Il'ira dans les environs de la
Mecque. Les mouvements et les attitudes en sont
réglés avec une précision qui ne se rencontre que
dans les exercices militaires et qui donne au culte
un caractère et une physionomie des plus pittores-
ques (2). Qu'on entre dans la grande mosquée de la

---

(1) Cette phrase se répète dix fois.

(2) La prière se compose en général de deux à
quatre rékas, et pour un réka, il faut : Iº se tenir
debout, composer son extérieur et se recueillir : 2º
lever les mains près des oreilles, la paume un peu
en avant ; 3º baisser les mains, les laisser pendantes
sur les côtés du corps ; 4º faire une salutation pro-
fonde en pliant en même temps les genoux sur lesquels les mains reposent alors ; 5º se relever et se
tenir de nouveau les mains pendantes ; 6º faire une

Pêcherie le vendredi, ce jour sacré des musulmans,
et le singulier spectacle qu'offre ces pratiques exté-
rieures attire les regards et étonne l'esprit qui cherche à en saisir le sens et la portée. Le monument
est très simple : des versets du Koran écrits sur les
murs en caractères ornés, des œufs d'autruche attachés çà et là, une chaire en marbre ciselé, des nattes
de jonc et des tapis couvrant les dalles du parvis le
feraient à peine remarquer, si sa forme ne rappelait
celle de nos églises et la légende de l'esclave chrétien qui paya de sa vie l'audace de cette conception.
Je ne sais ce que ce souvenir ajoute à l'émotion,
mais cette mosquée inspire le silence et le recueil-
lement, et il semble que la méditation et la prière y
soient plus ferventes qu'ailleurs. Des milliers de lumières vacillantes suspendues dans des verres al-
longés éclairent les galeries et montent aux voûtes
de l'édifice. Au bas, c'est presque l'obscurité : quelques flambleaux indiquent la niche d'orientation ou
mih'rab, dont ils font à peine ressortir les colonnet-
tes et les ornements, et, debout dans la chaire apparaît le khatib (prédicateur), portant à la main
droite un long sabre de bois pendant qu'il commente

---

prosternation en portant les deux genoux, puis la
face contre terre, ainsi que la paume des mains ; 7°
relever le corps, mais en demeurant agenouillé, une
main sur chaque genoux, et assis et appuyé sur les
talons, le pied gauche renversé et tourné en dedans
et le pied droit soutenu et couché sur le pied gauche ; 8° recommencer la prosternation en portant la
face et les mains par terre. Puis on se lève debout, on
laisse pendre les mains sur les côtés du corps, et
l'on revient ainsi à la première position. Chacun de
ces rékas est accompagné de prières. Voyez l'ouvrage déjà cité page 522, note 32 ; j'en extrais ce pas-
sage textuellement.

des passages du Khoran (1). Aux pieds de la niche, un vieux muphti courbé par l'âge et entouré d'eulémas préside à la cérémonie ; l'iman psalmodie, d'une voix de tête que domine parfois le murmure de la fontaine aux ablutions, la prière, à laquelle répondent en chœur les fidèles, assis et rangés derrière lui en lignes régulières. A chaque verset, ces lignes de fidèles se lèvent comme des fantômes, s'abaissent, se relèvent, se prosternent la face contre terre et accomplissent avec la plus scrupuleuse conscience et la plus complète absorption d'esprit les huit positions du réka. N'est-il pas indigne de la prière et de ses grâces, celui qui mêle à la prosternation une idée profane ou une distraction ? — qui adresse à Dieu un vœu dans une autre langue que l'arabe ? — qui croise les doigts de ses mains jointes comme le chrétien maudit ? — qui se tient debout sur un pied ou qui touche ou manie sa barbe? Le réka terminé, il se fait une pause pendant laquelle les tolbas placés sur l'estrade qui leur est réservée récitent sept versets du Koran, puis l'iman reprend la prière interrompue jusqu'à ce qu'il ait atteint de la sorte trente six rékas (2) et qu'il ait lu au moins cent vingt deux versets de l'œuvre du prophète.

Telle est la prière aux repos, le terahoui. Chaque nuit de Ramadan, elle s'accomplit avec cette régularité, et, quand le mois a trente jours, le croyant a

---

(1) C'est là une tradition historique. Les prédicateurs portent ce sabre dans toutes les villes converties par la force à l'islamisme et notamment dans les mosquées qui ont jadis servi au culte chrétien ; dans les pays où la religion de Mohammed s'est introduite par la foi, ils ne portent qu'un bâton plus ou moins orné.

(2) Dans le rite hanéfi, cette prière n'est que de vingt ou vingt quatre rékas.

pu entendre les 6,666 versets du livre saint. Quelques musulmans récitent même plusieurs fois le Koran en dehors des heures du terahoui, et il s'est rencontré de pieux personnages qui l'ont lu soixante et une fois pendant ces trente jours.

C'est là, du reste, le côté sombre et mystérieux de la religion musulmane. Dépouillée de richesse et de poésie, elle ne s'adresse qu'à l'intolérance du fidèle; elle ne captive son imagination, elle ne parle à ses yeux ni par les merveilles de l'architecture, ni par les pompes du culte. Sous les murs blanchis à la chaux de ses mosquées, au-dessous de ces arceaux irréguliers que surmontent quelques incriptions coloriées, du fond de ce mih'rab qui cherche l'Orient, et du haut de cette chaire dont les ciselures et les arabesques ne rappellent plus que de loin l'art et le génie qui ont créé l'Alhambra, comme dans la voix stridente des tolbas qui chantent les versets du Koran, on sent passer et tomber le souffle du fanatisme, la tradition des premiers temps, et, aussi vivace qu'elle, la haine du chrétien.

Souvent, pendant ces jours de jeûne et de chaleur, le délire religieux arrive au paroxisme, et le marabout égaré ou le musulman qu'exalte la fumée du hachich (1) cherchent dans le meurtre les récompenses éternelles promises à tout vrai croyant qui

____

(1) C'est la feuille du chanvre : elle se fume ou se mange en pastilles. On l'appelle aussi *kif*. C'est l'herbe de la joie, et les poëtes arabes l'ont souvent chantée : — « Arrête, dit l'un d'eux, la main des chagrins par l'usage du kif : le kif est le remède des amants tourmentés par les soucis cruels. — Aie recours, pour les apaiser, à la fille du chanvre et non à celle de la vigne. Loin d'ici la fille de la vigne! » — Malheureusement l'abus de cette plante est fréquent et conduit à l'abrutissement.

combat pour la religion. Sous la même impression, des sectes entières s'agitent et vont se jeter comme les derkaoua (1) sur les baïonnettes de nos soldats ; les prophéties, aidées par la superstition, annoncent périodiquement, de douar en douar, le maître de l'heure, le Moule-Sâa, préparent les insurrections, et portent vers ceux qui se disent envoyés de Dieu des populations que tiennent toujours en éveil des instincts guerriers et l'amour du merveilleux. Ce fanatisme se retrouve partout : du Koran, il a passé dans les livres des disciples de Mohammed, des croyances religieuses dans la vie pratique, et la loi, aussi cruelle, aussi impassible que le dogme, a frappé les coupables qu'avait déjà maudits pour l'éternité la voix du prophète. La terreur tient plus de place dans les traditions du peuple arabe que la persuasion : c'est à cette école qu'il a été élevé, et c'est toujours un des traits de son caractère de ne respecter que la force et la main qui le châtie.

Les peines prononcées contre les Musulmans qui transgressent les préceptes religieux se ressentent des efforts que le prophète a tentés pour établir son autorité et la maintenir pendant des siècles. Le blasphème, qu'il s'attaquât à sa personne, à Dieu ou à un ange, était encore puni de mort il y a quelques années, avec cette seule distinction, que le repentir sauvait du supplice le malheureux qui avait insulté

---

(1) Secte religieuse qui aurait emprunté son nom à la petite ville de Derka du royaume de Fez ou au mot *rekâa*, qui signifie chiffon, lambeau, parce qu'elle porte presque toujours des vêtements en désordre. Elle est nombreuse dans la province d'Oran, où elle souvent signalée par son fanatisme. — Voyez le curieux ouvrage sur les khouan ou ordres religieux de M. de Neveu, lieutenant-colonel d'état-major, directeur des affaires arabes de la province d'Alger.

le maître, et jamais celui qui avait injurié le servi-
teur. Et les docteurs de la loi déclarait blasphéma-
teur le musulman qui avait dit que le prophète était
noir, boiteux, aveugle ou de petite taille, qu'il man-
quait de noblesse d'âme, et qu'il avait été mis en
déroute par ses ennemis !... Grâce au ciel, la justice
criminelle n'appartient plus aux cadis. Depuis la
conquête de l'Algérie, notre code Pénal a remplacé
cette législation barbare, et l'indigène n'a plus à re-
douter d'être empalé, pendu, décapité ou précipité
sur les crochets des murs de Bab Azoun, pour les
intempérances de sa langue et les égarements de sa
foi chancelante. Le prophète et Dieu sont aujour-
d'hui sur un pied d'égalité parfaite, et, sans vouloir
assurer que les magistrats indigènes ne mettent pas
encore dans leurs comptes avec le premier plus de
scrupules qu'avec le second, on peut dire que la
peine du blasphème, en temps de Ramadan comme
en temps ordinaire, est tombée au rang des puni-
tions infligées aux croyants qui n'observent pas le
jeûne rigoureusement.

Qu'à cet égard, l'affaiblissement des principes religieux et de la tradition ait modifié la pratique du
Ramadan, qu'il se remarque des défaillances chaque
jour croissantes, cela est hors de doute, et il suf-
fit, pour en être convaincu, d'avoir vécu dans les
villes de l'Algérie pendant le mois sacré. Beaucoup
de musulmans concilient alors au mieux les exigen-
ces du jeûne avec des nuits de plaisirs; d'autres,
élevés au contact de nos mœurs et de notre extrême
tolérance, viennent dans nos cafés, et à l'occasion,
se moquent tout haut de leurs co religionnaires, en se
promettant tout bas de mettre leur conscience en
paix par un pélerinage à la Mecque. Toutefois, ce sont
là, au milieu de la règle commune, des exceptions

contenues dans de certaines bornes, et il faut re-
connaître qu'il est peu d'indigènes qui affichent
l'impiété, et qui donnent en pleine rue le triste
spectacle de l'ivresse. En général, le jeûne est encore assez scrupuleusement observé, et le croyant
qui ne s'y soumet pas est montré au doigt et consi-
déré comme un infidèle. S'il mange, fume ou prise
en public, il est appelé, entraîné à la Mahakma du
cadi et condamné à la bastonnade et à une peine
d'emprisonnement laissée à l'appréciation du magistrat. S'il a bu du vin, il reçoit quatre vingts coups
d'une lanière en cuir sur les épaules et quatre-
vingts coups de bâton sur les reins ou la plante des
pieds (1). En cas de récidive, il encourait jadis la
peine de mort. Celui-là dit, Sidi-Khilil, qui a été
engagé à se convertir, et qui ne l'a pas fait, est mis
à mort. » — Là s'arrête le domaine de la loi ; pour
les autres infractions aux règles du jeûne, le musulman ne relève que de la colère divine, et il peut
toujours espérer la fléchir par un repentir sincère.
C'est ce que les Arabes appellent *keffara* : elle a
pour conditions un nouveau jeûne de deux mois,
ou une aumône suffisant à la nourriture de soixante
pauvres et répétée autant de fois qu'il y a de jours
d'infraction (2).

Le Ramadan d'ailleurs est un mois si fécond en
merveilles que le musulman a toujours, pour peu
qu'il le veuille, la faculté de revenir à résipiscence
et d'entrevoir les verts bosquets, les sources jaillis-
santes, les tapis de brocart, la coupe remplie d'une

(1) Cette peine humiliante a disparu des territoires
civils et ne s'applique plus que dans les tribus très-
éloignées des postes militaires.

(2) Avant l'émancipation, on pouvait encore af-
franchir un de ses esclaves.

eau délicieuse circulant à la ronde, les vierges aux
regards modestes, aux grands yeux noirs, aux lèvres de corail, gracieuses comme l'hyacinthe et
semblables par leur teint aux œufs d'autruche con-
servés sous le sable du Sahara, que lui réserve le
paradis dépeint par le prophète (1). Si la voix du
muezzin ne réveille pas sa tiédeur, s'il ne tressaille
pas au souvenir des anges placés par Dieu à ses côtés, l'un pour recueillir toutes ses actions, l'autre
ses paroles au moment suprême de la mort, la nuit
de la destinée le convie solennellement à se répen-
tir, à pratiquer la vraie religion, à observer la prière
et à faire l'aumône. Nuit de prodiges invisibles, nuit
sainte, auguste parmi les sept nuits bénies !... « La
paix l'acompagne jusqu'au lever de l'aurore : par
ordre du Dieu très-haut, Gabriel descend sur la
terre au milieu d'une légion d'anges. Deux de ses
ailes couvrent l'Orient et l'Occident, et, après avoir
arboré le drapeau vert du prophète sur la Kaàba, il
compte avec les anges les vrais croyants et répond
Amen ! à leurs prières qui valent les prières de mille
nuits. Au lever de l'aurore, il remonte au ciel, et les ha-
bitants du paradis lui demandent: O Gabriel, Dieu a-t-
il été clément pour les musulmans ? — Et il répond :
Dieu a tourné ses regards vers eux et leur a pardonné;
mais il a maudit l'homme pris de vin et celui qui
afflige ses parents (2). » Mystérieuse et sombre com-

_____

(1) Koran, *passim.*
(2) Traduit de Bokhari. — Les sept nuits bénies sont I° la nuit de la naissance du prophète ;
2° la nuit de sa conception ; 3° la nuit de son as-
somption ; 4° la quinzième nuit de la lune de Cha'-
ban, pendant laquelle les anges reçoivent les registres où s'inscrivent les actions des hommes, et
Arzaïl, l'ange de la mort, les registres où se trou-
vent les noms des croyants qui doivent mourir dans

me le Koran, dont elle rappelle la révélation, cette
nuit n'a d'autre date qu'une tradition : le prophète
en a gardé le secret, et la croyance populaire,
présumant qu'elle est une des nuits impaires des
dix derniers jours du Ramadan, la célèbre le vingt-
septième jour de la lune de ce mois. Elle est an-
noncée à l'avance dans les mosquées ; le muphti en
raconte les merveilles, les mystères et les magnifiques
promesses, et le fidèle croyant, après avoir accompli
les rékas de sa prière habituelle, écarte ses femmes
de son appartement, se recueille dans sa dévotion,
le cœur rempli de terreur et d'espérance, et, jusqu'au lever de l'aurore, chasse d'une main trem-
blante les grains d'ambre de son chapelet en répé-
tant mille fois la sourat de l'Ikhlâs (1).

Voilà, tel quel a prescrit le Koran et tel que l'a réglé la jurisprudence religieuse, le jeûne du Ramadan. Il n'est pas moins curieux de rechercher com-
ment la pratique en a modifié la rigueur et de jeter
un rapide coup d'œil sur la population indigène
pendant ces trente jours d'abstinence.

III.

Montons, si on veut bien nous suivre, au carrefour de la mosquée de Sidi Mohammed Chérif, au
moment où le soleil va se coucher. Là, Alger a gar-

l'année ; 5° la nuit de la destinée ; 6° la nuit de la
fête de la rupture du jeûne ; 7° la nuit de la fête
des immolations.

(1) Ou de l'unité de Dieu. — V. la 112e sourat du
Koran ; elle est composée de ces mots : « Dis Dieu
est un, c'est le Dieu éternel. Il n'a point enfanté
et n'a point été enfanté ; il n'a point d'égal. »

dé sa physionomie pittoresque : des rues étroites, tortueuses, escarpées; des voûtes à l'extrêmité desquelles se jouent parfois quelques rayons de soleil ; des échoppes où l'on fait frire des pâtisseries et des viandes pour le peuple ; des boutiques de barbiers, de marchands de tabac, de légumes et de fruits ; des magasins d'objets divers fermés à hauteur d'appui, privés d'air et d'espace, au fond desquels apparaît un marchand gravement accroupi, les jambes croisées ; des cafés ayant pour tout ornement des bancs recouverts de nattes, voilà le cadre de la scène. Peu à peu, le mouvement et la vie se répandent dans ces rues : aux angles du carrefour, de vieilles femmes voilées et enveloppées de longs haïks, des négresses drapées dans une toile de Guinée à carreaux blancs et bleus apportent des corbeilles remplies de pains indigènes ; des marchands de poissons, des enfants chargés de guirlandes de jasmin font retentir l'air de leurs cris étourdissants. La population se presse autour des boutiques, envahit les cafés : c'est une cohue turbulente, un mélange des costumes les plus variés.

Cependant un moment vient où tout ce bruit s'apaise et où l'impatience se lit sur les visages pâlis par les excès de la veille et l'abstinence du jour. Chacun attend que le canon annonce le coucher du soleil et, avec lui, la fin du jeûne. A peine ce signal a-t-il retenti, qu'un cri de joie s'échappe de toutes les poitrines et que des milliers de bras se mettent en mouvement. Les pipes préparées à l'avance s'allument : les gargoulettes d'eau, les tasses de café caressées du regard circulent à la ronde. Ici un marabout ou un pieux musulman porte lentement à ses lèvres les trois dattes que le prophète a conseillé de prendre pour faire cesser sans danger les éblouissements causés par le jeûne. Là quelques fumeurs de hachich, inclinant leurs têtes indolentes, aspirent l'énivrante fumée et commencent les rêves qu'ils achèveront pendant la nuit.

Plus loin, de pauvres diables que le travail a harassés de fatigue, que tourmentent la soif et la faim, se précipitent aux fontaines publiques ou offrent à la hâte un premier morceau de pain à leur estomac affamé. D'autres enfin courent à leurs maisons et vont s'accroupir autour d'un plateau chargé de mets où trône, entre tous, le couscoussou national. Les musulmans riches invitent leurs parents et leurs amis à des repas où revit l'hospitalité antique. Les hommes restent comme d'habitude, séparés des femmes ; mais des deux côtés les mets se succèdent avec profusion sur la table en bois incrustée de nacre de perles autour de laquelle les convives sont réunis. Des pâtisseries, des confitures de toute espèce, des sorbets, des boissons glacées circulent ensuite , et, pendant que les parfums brûlent dans les cassolettes , que des serviteurs versent sur les mains de leurs maîtres des eaux de senteur pour l'ablution, que les pipes et les narguilhés s'allument, que le café est servi dans des tasses soutenues par de petits vases en fil d'argent, les portes de la skifa (1) s'ouvrent aux pauvres, auxquels on distribue des aliments et des aumônes.

Le repas terminé, les rues et les carrefours un instant déserts reprennent leur animation, et la foule s'y répand plus bruyante que jamais. C'est l'heure des visites, des promenades et des plaisirs de toutes sortes. Pourvu qu'il ait jeûné pendant le

---

(1) Vestibule de la maison, ou les indigènes reçoivent leurs visites.

jour, le musulman se croit en paix avec sa conscience : la nuit lui appartient, et il l'égaye de son mieux, en laissant à ses marabouts vénérés, à ses graves eulémas, aux gens coiffés de l'énorme turban du savant et du religieux, et aux vieillards à la longue barbe toujours jaloux du présent, l'observance rigoureuse de la règle, Pendant que les femmes animent par leurs éclats de rire la cour mauresque où le soir les attire, dansent au son du Derbouka et du tambour de basque, ou tremblent sous le regard de la sorcière qu'elles ont introduite furtivement et qui ne devine que trop les ennuis et les secrets de leur captivité, les hommes encombrent les cafés, les bains maures et les boutiques de barbiers. Chacun trouve là ses jeux, ses plaisirs et ses spectacle favoris. En sortant des salles de marbre dont les voûtes et les murs enduits de stuc contiennent la vapeur de l'étuve, les baigneurs savourent avec délices le café, les sorbets et l'odorante fumée des pipes orientales. D'autres, assis sur des nattes et des coussins préparés sous les colonnes de marbre du vestibule , entretiennent, au murmure du jet d'eau, les longues conversations tant aimées des arabes et auxquelles les mozabites masseurs, le torse nu, les jambes entourées d'un fouta de soie rayée, mêlent les nouvelles qui, chaque jour, font des bains maures la chronique vivante de la ville. Il n'est même pas que, dans une pièce à l'abri des regards, un vieux maure ne fasse revivre les ombres chinoises et leur acteur favori, Garagous, ce polichinelle indigène banni par notre police pour ses gestes obscènes, son langage cynique et ses prouesses violentes qui ne respectaient que le sabre de la force publique.

Cet indigène au teint basané, à la physionomie mobile et souriante, assis au fond de la boutique du barbier et tenant à la main une baguette avec laquelle il semble magnétiser son auditoire pendant des heures entières, c'est l'improvisateur arabe dans toute sa verve et sa poésie ; c'est, avec son étonnante facilité de paroles et de gestes, le conteur hardi des *Mille et une Nuits*, qui fait rêver de harems et de femmes voilées, et qui redit aussi les légendes guerrières de son pays. Que de fois ne nous est-il pas arrivé de nous arrêter devant le théâtre de ses exploits et de chercher à suivre son récit, dont l'amour est toujours le thème et l'inspiration. Le mot nous échappait souvent, mais le son de la voix, le sourire des lèvres, le feu du regard, le jeu de la physionomie et la variété du geste coloraient l'idée et la rendaient, pour ainsi dire, transparente. Ces histoires, saisies au vol et complétées par l'imagination, ont, pour qui ne sait l'arabe qu'à demi, le charme d'une musique que l'on écoute en créant des paroles ou d'un rêve qui revient à la mémoire et y fixe peu à peu sa couleur d'abord indécise. L'improvisateur, pour peu qu'il soit habile, domine et fascine vite son auditoire. Pas un jeu de mots, pas un jeu d'idées ne passent inaperçus ; un léger murmure, un rire fou les accueillent. Chaque fois que le nom du prophète revient sur ses lèvres, les têtes s'inclinent avec respect ; chaque fois qu'il prononce les mots Allah Kebar ! toutes les bouches répètent cette formule, et il est vraiment curieux de voir ces groupes d'indigènes assis autour de lui sur les bancs d'une boutique ou au milieu d'un douar tendre le cou, prêter l'oreille à ses récits, ne pas le quitter du regard, et refléter avec une étonnante naïveté les sentiments divers qu'il fait naître. Ces contes merveilleux, ces récits d'amour ressemblent quelque peu, par leur côté moral, à ces histoires de

brigands italiens qui volent et tuent en invoquant
la madone. Le nom du prophète est mêlé aux scènes les plus étranges ; le mot est hardi, audacieux,
comme le mot de Rabelais, l'image aussi grossière
que la réalité ; mais ils s'adressent à un auditoire
simple et rude comme le milieu où il vit, impres-
sionnable comme un enfant, et ils le captivent par
le double côté de sa nature, la passion et la peinture
des dangers et des plaisirs de la vie errante.

C'est ainsi que le barbier fait concurrence à ses
voisins et que le conteur l'emporte souvent sur les
musiciens. Jadis, il y avait dans les cafés des dan-
seuses aux cheveux couverts de sequins et de diamants, aux sourcils teints de henné, des chanteuses
et des joueurs d'instruments dont la voix stridente
et empreinte d'une sauvage énergie attirait la
foule.

Depuis qu'elles ont disparu au nom de la morale
publique, l'orchestre, composé presque toujours
d'un vieillard jouant du violon entre ses genoux ou
d'un rebec à deux cordes, d'un juif grattant une
couithra et d'un joueur de derbouka ou de tambou-
rin, en est réduit aux chansons venues de Tunis,
aux poëmes d'amour sensuel, aux complaintes en
dépeignant les tourments, répertoire qu'il chante
d'une voix de tête nasillarde, à laquelle se mêlent
trop souvent des sons discordants et aigus. Les indigènes, cependant, remplissent les cafés maures :
ils y jouent aux dames, aux stondj (échecs),
en buvant le café, « ce breuvage des amis de Dieu,
ce vin auquel nul souci ne saurait résister, cette
source de la santé qui a l'odeur du musc et la couleur de l'encre, » et l'Européen nouveau venu se
surprend à écouter curieusement la musique barbare
qui y retentit, et à bercer ses souvenirs dans la fumée

d'une longue pipe. Parfois des airs d'un rhythme plus gai, plus animé, frappent ses oreilles : ce sont des airs de danse. Il semble que les almées vont paraitre, l'imagination les évoque, mais les yeux regardent en vain l'espace où ces filles du plaisir étaient applaudies, il y a quelques années encore, et couvertes de douros et de sultanis d'or. Il faut aujourd'hui aller les chercher dans les N'bitas, quand l'accès de ces fêtes est possible. C'est là qu'on les retrouve aussi brillantes que par le passé, vêtues d'une simple chemise de gaze de soie à manches flottantes, d'un pantalon à larges plis, les hanches dessinées par une ceinture à franges d'or, la tête gracieusement coiffée d'un foulard de Tunis à raies d'or que retient un diadème de brillants, les cheveux tressés en nattes, semés de sequins et de fleurs de jasmin, la poitrine couverte de colliers de perles et de diamants sur un sein découvert, les bras et les doigts chargés de bagues et de bracelets. Au son des instruments, l'une d'elles se lève avec langueur ; pendant quelques instants, ses mains nonchalantes agitent mollement deux mouchoirs de soie, son corps semble immobile sous les plis du fouta (I) de satin rayé, et on aperçoit à peine le mouvement de ses pieds dont la cheville est ornée de redifs. Bientôt la musique s'anime, la mesure devient plus vive, plus entraînante, le *you you* des femmes voilées qui se penchent aux galeries se mêle aux frémissements et aux murmures des hommes, la danseuse s'énivre, se cache les yeux avec les mouchoirs qu'elle tient à la main, et, les pieds attachés à la même place, le sein haletant, elle ne met plus de bornes à la souplesse et à l'audace de ses mouvements. Elle s'arrête enfin

(I) Le fouta est une pièce d'étoffe qui se porte sur hanches et descend jusqu'aux pieds.

épuisée de fatigue, la figure, la poitrine et les bras
semés de pièces d'or et d'argent, pour être rempla-
cée par une de ses compagnes. Ces scènes, où la
réalité et la frénésie du plaisir sont poussées à l'excès, durent pendant toute la nuit ; dans les tribus,
nous les avons vues reproduites par des hommes
qu'excitaient le chant aigu des fifres et de la musette
arabes. Elles appartiennent à l'enfance ou à la vieil-
lesse d'une nation, et le premier sentiment de curiosité passé, on ne peut les contempler longtemps
sans dégoût et sans tristesse.

Pendant le Ramadan, les boutiques et les cafés
restent ouverts jusqu'à une heure du matin. A ce
moment, chacun se retire pour prendre le dernier
repas de la nuit ou continuer, dans le silence ou le
mystère de son intérieur, les plaisirs auxquels un
commentaire complaisant des préceptes religieux lui
permet de se livrer. Le lendemain, la ville indigène
semble déserte : peu de boutiques s'ouvrent avant
onze heures ; les marchés, les bazars sont à peu
près abandonnés. Le musulman se repose des excès
ou de l'abstinence de la veille, et abrége par le sommeil les pénibles heures du jeûne. On ne rencontre
dans les rues que les malheureux obligés, pour vi-
vre, de travailler dès l'aurore, les fidèles que des in-
térêts pressants appellent au dehors, les voyageurs
dispensés de jeûner, quelques négresses immobiles
auprès du pain qu'elles vendent, et, le juif qui en
tout temps et partout, colporte son industrie et sa
ruse. Vers midi, la ville a repris sa physionomie ac-
coutumée ; les hommes sont à leurs affaires, et c'est
le tour des femmes d'envahir les bains maures, de
faire des aumônes et de se rendre des visites, pa-
rées sous leurs voiles blancs, de leurs plus riches
vêtements.

Ainsi va la vie des indigênes pendant le Ramadan : abstinence pendant le jour, carnaval, ou à peu
près, depuis le coucher du soleil jusqu'au moment
où l'œil peut distinguer un fil blanc d'un fil noir.
Ainsi s'est affaiblie, au contact des mœurs, la tradition religieuse, et le prophète pourrait aujour-
d'hui ajouter d'éloquentes malédictions aux mille
versets que contient déjà le Koran sur la géhenne
promise aux infidèles.

IV.

Pour les musulmans qui observent le jeûne
scrupuleusement, comme pour ceux qui ne le res-
pectent que le jour et donnent la nuit au plaisir, on
comprend, du reste, que la fatigue soit grande et
que le croissant de la nouvelle lune de chaouâl soit
ardemment désiré. Le cadi en constate la venue avec
la même solennité que l'apparition de la lune de
Ramadan, et le soir même un coup de canon annonce aux fidèles que le jeûne est terminé.

Une immense acclamation se répand dans la ville
en action de graces. Les mosquées, illuminées pendant toute la nuit, se remplissent de croyants ; et,
de minuit à deux heures du matin, les muezzins ne
cessent de chanter l'âdan qui suit :

« Dieu est grand. Venez à la prière. Il n'y a dé
Dieu que Dieu, et Mohammed est son prophète. Dieu
est grand. La prière est plus salutaire que le sommeil. »

Il y a quelque chose d'émouvant et de solennel
dans cet appel qui retentit au loin, et qui de la rue
de la Marine monte de minarets en minarets jusqu'au sommet de la Casbah. N'est-ce pas l'écho d'une

religion et d'une nationalité qui s'en vont? Sous le ciel bleu de l'Algérie, le contraste est partout. A côté de la mosquée s'élève la chapelle sainte ; et si la voix du muezzin plane sur la ville française, elle réveille aussi le légitime orgueil de grandes choses accomplies à l'ombre de la foi et du drapeau, le souvenir de glorieuses campagnes et le pressentiment de l'avenir confiée au courage d'une armée qui « sait obéir et souffrir (1). » A l'âdan retentissant, la foule arrive à la mosquée et reste en prières « depuis l'apparition réelle de l'aurore jusqu'au degré le plus avancé du crépuscule du matin. » Alors le muphti monte en chaire pour remercier Dieu; puis son prône fini, le bache-muezzin (2) amène le bégal pavillon de soie aux couleurs verte, jaune et rouge, portant en pal le glaive à deux lames du prophète sur un semis d'étoiles et de croissants d'argent, hissé au minaret depuis la prière du fedger. A ce signal, une salve de vingt un coups de canon consacre la rupture du jeûne, et les assistants, levant les mains au ciel, récitent la fatcha sacramentelle (3) :

« Louange à Dieu maître de l'univers !

« Le clément, le miséricordieux !

« Souverain au jour de la rétribution !

« C'est toi que nous adorons, c'est toi dont nous implorons le secours : dirige-nous dans le droit sentier,

« Dans le sentier de ceux que tu as comblé de

---

(1) Paroles du maréchal duc d'Isly, après l'insurrection du Darah.

(2) Chef des muezzins.

(3) C'est l'invocation qui forme le premier chapitre du Koran.

tes bienfaits, et non pas de ceux qui ont encouru
ta colère, ni de ceux qui s'égarent. »

De leur côté, les femmes, auxquelles la mosquée
est interdite, achèvent de préparer les gâteaux
qu'elles s'enverront comme présents ; mais ce n'est
là qu'une partie de leurs soucis. Assisses devant un
miroir de nacre, elles introduisent le miroued (1)
chargé de keuh'l (2) entre leurs cils, en imprègnent
leurs sourcils et en dessinent l'arc avec un art et
une coquetterie qui donnent à leurs yeux, que le
voile agrandit encore, un irrésistible attrait et une
rare vivacité d'éclat. Sous leurs doigts, le henné su-
bit mille préparations variées et capricieuses : les
unes s'en noircissent entièrement les pieds et les
mains, d'autres ne les teignent qu'en partie ; celles
ci y dessinent des espèces d'arabesques, celles-là
ne font qu'aviver la teinte rosée de leurs ongles. La
fantaisie règne là en souveraine, les rend esclaves
pour une nuit, et ce serait un curieux spectacle
pour un nouvel Asmodée que toutes ces mains et
tous ces pieds de dormeuses attendant, sous leurs
bandelettes, l'effet du henné.

Dès que le canon a retenti, toute la population, qui
a renouvelé ses habits de fête, se répand dans la
ville. Partout c'est un échange étourdissant de longues et cérémonieuses félicitations, de visites, de
saluts, de baisers sur la poitrine, sur l'épaule ou
sur la main, suivant le rang de ceux qui se ren-
contrent, et de cadeaux depuis le don volontaire
jusqu'à la rétribution forcée que prélèvent, au coin
de chaque boutique de barbier, les enfants qui inon-

---

(1) Pinceau en bois poli ou en argent.

(2) Noir préparé avec de l'oliban ou sulfure d'anti-
moine.

dent les passants avec un flacon d'essence de rose.
Les pieux personnages font l'aumône (1), consolent
les malades ou accomplissent un pélerinage au
tombeau d'un marabout vénéré. Les femmes et les
enfants, qui ont partout en partage les délicatesses
du cœur, vont dans les cimetières honorer le souvenir des morts. La rue, enfin, est aux nègres avec
leurs drapeaux, leurs tamtams, leurs affreuses cas-
tagnettes de fer et leurs danses nationales si pleines
de feu et de sauvage originalité.

La fête de la rupture du jeûne, ou Aïd-el-Se-
Seghir (2), dure pendant trois jours. C'est le Beiram
célébré avec tant de splendeur et de pompe à Cons-
tantinople et à Tunis. Il reste à peine un souvenir
de cette cérémonie à laquelle accouraient jadis les
hauts dignitaires de la régence, pour baiser respectueusement la main de leur souverain ; les fêtes de
l'intérieur de la Kasbah, les aumônes distribuées
aux pauvres pour lesquels s'ouvraient ce jour-là

____

(1) L'aumône est, ce jour-là surtout, un devoir
pour le musulman. Elle est faite par le grand et par
le petit. La loi l'a fixée à une très-faible mesure,
pour mettre en communion générale tous les musulmans. C'est une image de la Pâque.

(2) Ou petite fête, par opposition à la fête des
immolations, qui rappelle le sacrifice d'Abraham,
et qui est la grande fête des Musulmans. L'Aïd-el-
Seghir a beaucoup perdu de son éclat depuis l'institution des grandes courses de chevaux qui ont lieu
les 27, 28 et 29 septembre de chaque année, à Alger. Elle est aujourd'hui purement religieuse et les
jeux comme la fantasia dont elle était l'occasion,
s'accomplissent au moment de ces courses qui sont
destinées à attirer un immense concours d'étran-
gers, dès que leur splendeur et leur originalité se-
ront mieux connues qu'elles ne le sont encore à
cette heure.

les portes confiées à la garde des nègres, les exercices militaires auxquels le dey assistait du haut de
ce pavillon devenu si célèbre, ne revivent plus que
dans la mémoire de quelques vieux Turcs et le ba-
che palouen (1), qui dirigeait le guerrach, est allé
mourir, en vaillant soldat, dans la plaine de Staoué-
li. Son art, toutefois, ne s'est pas éteint avec lui :
des Maures en conservent encore les traditions, et,
au jour des grandes solennités, on les voit apparaître le torse nu, la tête rasée, l'œil plein de feu, et
rappeler, dans un combat savamment réglé, les fas-
tes et les héros des luttes antiques.

Mais le plaisir ardemment aimé de l'Arabe, le jeu
qui est à la fois sa joie et son orgueil, qui vivra tant
qu'il aura un cheval et un fusil, c'est le jeu de la
poudre, le simulacre de ses combats, c'est la fantasia. Quelques jours avant l'Aïd el Seghir, les cavaliers arrivent des tribus les plus éloignées et cam-
pent aux portes de la ville. Autour des grandes tentes des kalifas, des agahs et des caïds, se rangent
les tentes de toutes formes et de toutes couleurs de
leurs goums : des nègres, des serviteurs nombreux
étendent sur le sol des tapis de Smyrne, des coussins brodés d'or, entravent de magnifiques chevaux
et les couvrent de housses éclatantes. Le camp forme bientôt un vaste cercle où se révèle, comme par
enchantement, la vie arabe dans toute sa simplicité
et son charme solennel. Je n'imagine pas, au coucher du soleil, une scène plus ravissante. L'Algérie
est là tout entière encadrée entre la mer et la ville,
ayant pour horizon les cîmes de l'Atlas colorées de
cette belle teinte bleue et violette si familière aux

---

(1) Chef des lutteurs. Il était en même temps por-
te-drapeau de la milice turque.

peintres de l'Orient. Aux mille bruits du soir, se-
mêlent le chant des Arabes, les hennissements des
chevaux attachés par longues files aux cordes ten-
dues d'un bout du camp à l'autre, les pétillements
des feux qui rôtissent des moutons entiers, les cris
des chameaux levant leurs têtes calmes et résignées
au-dessus des tentes, et, de loin en loin, les sons
sauvages de la musette qui redit sa monotone chan-
son. Les heures s'écoulent à contempler ce spectacle. Peu à peu, tous les bruits se fondent dans un
bourdonnement sourd et indécis : la nuit tombe, et
ce suave paysage s'éteint, laissant à la pensée l'in-
dicible empreinte de sa majesté et de sa mélanco-
lie.

Le lendemain, le camp s'éveille pour courir à la
fête. Aux sons retentissants des musettes et des
tamtams, à la vue des bannières qui se déploient en
tête des goums, les chevaux battent la terre d'un
pied impatient et les chameaux soulèvent en gémis-
sant les atatiches sous les plis desquels se cachent
les femmes du Sahara. Couvert de riches vêtements,
armé d'un long fusil incrusté d'argent et de corail,
portant à sa ceinture un yatagan et des pistolets, la
tête coiffée d'un immense chapeau de plumes d'autruche, l'Arabe sent monter à son cœur et sur son
visage bruni l'ardeur des instincts guerriers.

Le premier coup de feu l'énivre. Poussant son
cri de guerre, il s'élance la bride dans les dents, debout sur les étriers et revient à son goum après
avoir déchargé son arme au milieu dela courbe con-
centrique qu'il décrit. Tantôt il passe aussi prompt
que l'éclair, jouant avec son fusil comme Auriol
avec ses boules de cuivre, ou le portant en équili-
bre sur sa tête pendant qu'il tire ses pistolets ou
brandit son sabre ; tantôt il arrête court, sur ses

jarrets d'acier son cheval lancé à fond de train ,
l'enlève des quatre pieds et, le maintenant de sa main
puissante, le fait marcher longtemps sur ses pieds
de derrière. L'arabe est né cavalier : il partage avec
son cheval la tente qui l'abrite ; il en fait la passion
de sa vie, le compagnon de sa gloire et de ses re-
vers. Mais aussi, quel noble et gracieux animal !
caressé par les enfants, nourri par les femmes , il
leur doit son intelligence, sa docilité et la mutine
coquetterie avec laquelle il porte sa housse écla-
tante mi-partie bleue et rouge, dont il fait dans ces
bonds retentir les grelots sonores, sa selle de ve-
lours rouge brodée d'or et sa bride ornée de croissants, d'amulettes et de sachets contenant sa généa-
logie. Ardent et impétueux comme son maître, il
frémit au son des tamtams ; son œil s'allume , ses
naseaux s'enflamment à la vue d'un fusil et il se
jette éperdu dans la mêlée, ne sentant plus que la
volonté qui les guide.

On ne saurait peindre, du reste, avec la parole,
les scènes diverses de la fantasia, les groupes admi-
rables de pittoresque, de richesse et de costumes
qui se succèdent et se pressent sous les yeux. Il faut
entendre ces clameurs confuses, ces sauvages cris
de guerre ; il faut sentir l'odeur de la poudre, s'éni-
vrer de sa fumée. Il faut voir, au milieu de la pous-
sière lumineuse qu'ils soulèvent, ces hardis cavaliers, dont le haïk flotte au vent, se précipiter sur
les palanquins qui contiennent les femmes, se refor-
mer en goums à la voix de leurs chefs, et emporter ,
pour les laisser dans les rangs ennemis, des fantas-
sins pendus à la selle et à la queue des chevaux.
Le combat est partout. Ici, ce sont des engagements
de tirailleurs; là, des charges de cavalerie par masses
nombreuses et serrées sillonnent le champ de manœu-

vre. Les chameaux effrayés tourbilonnent dans le cercle qui les enferme ; au bruit de la fusillade répond
le cri strident des femmes. L'ardeur et les efforts
de la lutte se concentrent sur les atatiches dont
elles entr'onvrent le voile, et plus d'un Arabe, em-
porté par le désir de plaire, fait des prodiges de
valeur. Vingt fois pris et repris, les palanquins restent enfin à leurs défenseurs.

Cette razzia, simulée aux portes d'Alger la guer-
rière, produit sur l'esprit une vive impression, et
le cœur bat plus d'une fois aux souvenirs glorieux
qu'elle réveille.

L'éclat du soleil, les tambours battant aux champs
quand passe le Gouverneur avec son brillant état-
major, le canon qui retentit, les fanfares militaires
se mêlant avec la musique arabe, le peuple vaincu
confondu avec le peuple vainqueur, le mouvement
de la foule où se pressent tous les costumes de
l'Europe et toutes les races de l'Algérie, — le Bis-
kri, le Mozabite, le Laghouati armé de l'énorme
tromblon avec lequel il vient de simuler les combats du Sahara, — le nègre aux formes athlétiques,
l'Arabe portant fièrement la corde de chameau et le
burnous, — le Maure couvert de riches habits, — le
Kabyle au teint basané, — le Marocain vêtu de la
saya rayée, — le Juif oubliant sous la casquette de
l'Européen la servitude qui a si longtemps pesé sur
sa race, — et glissant mystérieusement au milieu
de cette foule, des femmes voilées suivies de leurs
négresses et de beaux enfants, tout, jusqu'à la dé-
marche doctorale et à la sandale jaune relevée en
pointe des cadis et des muphtis, excite la curiosité
et tient l'imagination en éveil. Que les yeux se portent alors sur la ville dont les blanches maisons
s'élèvent par masses irrégulières de la Marine à la

Kasbah, sur la rade qui rappelle la baie de Naples et dont l'horizon splendide est inondé de lumières, puis sur les côteaux qu'elle baigne de ses flots et dont les nombreuses villas se détachent sur un vert d'émeraude, et le spectacle se complète par l'une des plus éblouissantes perspectives que Dieu ait créées aux bords de la Méditerranée.

C'est au milieu de ces fetes et de ces enchantements de la nature que se termine le Ramad an. Les unes n'ont pas varié depuis des siècles, fondées qu'elles sont sur les instincts du peuple arabe et sur les traditions de famille ; l'autre s'est successivement et profondément modifié au contact du temps et des mœurs. Déjà le prophète avait constaté, avant de mourir, la répugnance extrême des Arabes pour le jeûne et il en avait singulièrement adouci la pratique et la ferveur primitives en ouvrant une porte aux passions de la nuit, aux aumônes et aux peines expiatoires. L'influence de nos idées a fait mieux : elle a élevé le musulman à la liberté de conscience, et, s'il se fait traîner à la mahakma du cadi, c'est moins son impiété que son inconduite qui est punie par le magistrat.

Cette modification radicale et d'autres dispositions qu'il serait facile de montrer, protégeant plus efficacement que par le passé la vie, la famille et les relations des Musulmans, indiquent ce qu'il est possible de faire sur ce terrain. Les Turcs qui, avant nous représentaient l'idée conquérante, avaient, auprès des cadis et des midjalès, des dignitaires chargés de la surveillance de la justice et de l'exécution des mesures que leur rite autorisait ou que leur commandaient les nécessités de la politique. Cette mission appartient aujourd'hui à l'administration des bureaux arabes civils, et si les réformes provenant d'une autre source religieuse lui sont moins faciles

que par le passé, toujours est-il qu'elles ont la double légitimité de l'histoire et de la raison et que
chaque jour le mouvement et la vie se communi-
quent au monde si longtemps immobile de l'Islamisme ; l'œuvre d'ailleurs n'a rien qui puisse ef-
frayer, grâce à l'expérience et aux savants travaux
qui nous ont fait connaître Sidi-Khelil et, par lui,
tous les secrets de la législation musulmane.

D'un autre côté, le respect et la crainte du nom
de la France sont partout : l'armée a habitué l'Algérie au joug de nos opinions et de notre comman-
dement. Dans le Bordj, sous la tente et dans le
gourbi, plus d'un chef arabe revenu de Paris a ra-
conté les merveilles de notre patrie et les a mises
à la portée des intelligences primitives qu'il domine.
Un peuple ne résiste pas longtemps à une civilsa-
qui répond par la protection du vaincu aux malédictions que le prophète a prodiguées aux infidèles,
par le pardon et les bienfaits aux haines qui se tra-
duisent en insurrections. — Instruments et inter-
prètes de la pensée civilisatrice, l'armée et l'administration ne sauraient donc que continuer en paix
le mouvement d'assimilation si sagement compris et
contenu jusqu'à ce jour. Si ce mouvement échoue,
c'est que le peuple arabe aura été voué fatalement à
l'immobilité ; c'est qu'il aura été condamné à n'être
gouverné que par la force et à disparaître un jour
du sol de l'Algérie.

FIN.